늘 존경하는 물의기에
이 책을 드립니다.
동 재승 드림

시력(詩歷), 50년! 5,000편 넘는, 그 엄청난 시(詩)를 써 오면서! 시인(詩人)의 그 마지막 경지(境地)인 저 자연과 우리 일상(日常)의 '침묵(沈黙)'을 번역(翻譯)하고 해석(解釋)한!

류재상 詩集
가장 촉촉한 침묵

도서출판 평 강

| 서시 |

시(詩)는 언어의 오락(娛樂)

-가장 신나는 장난감

제 시를 사랑하는 독자 여러분, 안녕하세요!
저는, 언어를 가지고 놀았습니다!
언어는, 가장 신나는
제 장난감입니다!
50여 년 동안, 언어를 갈고 다듬으며
신나게 가지고
놀다보니!
이제
겨우
마음에 드는, 장난감 하나를
제 작은 손아귀에 넣을 수 있게 되었습니다!
아름다운 모국어(母國語)로, 가슴이 터질 듯
외치고 싶어 하는! 저 자연의
침묵과,

우리
곁의 작은
일상(日常)들의
침묵(沈默)이! 또 다른, 제 장난감이
되었습니다!
독자 여러분, 이제
언어를 더욱 행복하고 황홀하게
즐기세요! 시(詩)는, 모국어(母國語)를 가장
아름답게 가지고 노는!

우리의, 가장 맑은 영혼(靈魂)의 오락입니다!!

     거창월엽당 '시인의 집'에서
      월엽 류 재 상 씀.

목 차

서시 / 3

제1부 가장 촉촉한 침묵 / 7
- 하늘의 언어 / 08
- 하얀 달빛의 언어 / 10
- 소나기의 언어 / 12
- 고향의 아침 언어 / 15
- 외로운 소나무의 언어 / 17
- 아침이슬의 언어 / 09
- 겨울바다의 언어 / 11
- 아지랑이의 언어 / 14
- 여름에 부는, 산들바람의 언어 / 16
- 햇빛의 언어 / 19

제2부 가장 촉촉한 침묵 / 21
- 노란 가을국화의 언어 / 22
- 푸른 대나무의 언어 / 25
- 추운, 어느 겨울날의 독백 / 27
- 잘 익어가는 김치 맛의 언어(2) / 29
- 땅속 굼벵이의 언어 / 33
- 숲속의 작은 도토리의 언어 / 35
- 설중매(雪中梅)의 언어 / 24
- 난(蘭)의 언어 / 26
- 잘 익어가는 김치 맛의 언어(1) / 28
- 나비의 언어 / 31
- 풀꽃 속에 사는, 작은 개미의 언어 / 34

제3부 가장 촉촉한 침묵 / 37
- 꿀벌의 언어 / 38
- 밤벌레들의 언어 / 40
- 짠 조선간장의 언어 / 43
- 매운 고추장의 언어 / 45
- 한창 익어가는, 복숭아의 언어 / 48
- 눈물의 언어 / 52
- 젊은 시절, 제자에게 쓴 내 편지 / 39
- 여름 매미의 언어 / 42
- 간장을 만드는, 짠 소금의 언어 / 44
- 된장국의 언어 / 46
- 시골의 그 눈 큰, 황소의 언어 / 50

목 차

제4부 가장 촉촉한 침묵 / 53
- 땀의 언어 / 54
- 외로운 고독의 언어 / 58
- 시간의 언어 / 61
- 무더운 여름날, 땀방울의 언어 / 64
- 해맑은 물빛의 언어 / 66
- 피(血)의 언어 / 56
- 첫사랑의 언어 / 60
- 무(無)의 언어 / 63
- 어느 화강암의 언어 / 65

제5부 가장 촉촉한 침묵 / 67
- 흰 구름의 언어 / 68
- 이 달 밝은 가을밤의, 제[我] 언어 / 70
- 땅(土)의 언어 / 72
- 하얀 쌀의 언어 / 74
- 냄새나는, 파의 언어 / 76
- 한창 익어가는, 가을들녘의 언어 / 69
- 내 고향(故鄕), 그 슬픈 언어 / 71
- 무더운, 8월의 언어 / 73
- 밭에서 뽑아온, 무의 언어 / 75
- 여름날, 오이의 언어 / 77

제6부 가장 촉촉한 침묵 / 79
- 매운, 마늘의 언어 / 80
- 푸른 배추의 언어 / 82
- 가을, 빨간 사과의 언어 / 85
- 어린 나무의 언어 / 89
- 아름다운, 장미꽃의 언어 / 91
- 5월, 그 초록빛 언어 / 93
- 빨갛게 익은, 가을고추의 언어 / 81
- 가지의 보랏빛언어 / 84
- 커다란, 호박의 언어 / 87
- 넓은, 토란잎의 언어 / 90
- 풀잎의 언어 / 92
- 꽃의 언어 / 94

〈후기사족〉 / 95

제1부

가장 촉촉한 침묵
– 하늘의 언어

침묵(沈默)은, 하늘[天]의 언어예요! 햇빛으로 읽다가,
또 빗방울로 읽다가!
끝내는
죽음으로,
읽고
쓰는
그런 언어(言語)예요!
우리 곁에
막 꽃피는, 저 놀라운 감탄사(感歎詞)와! 갑자기 왈칵,
눈물 솟는
그런 문법(文法)이에요!
예수가
와서,
어렵게
한 번
번역(翻譯)하다가!
석가(釋迦)가 또 한 번, 심각하게 해석(解釋)하다가!
그만, 두려워 접어둔!

우리의 삶에서, 가장 신비(神秘)한 저 하늘의 언어예요!!

가장 촉촉한 침묵
- 아침이슬의 언어

저쪽 상쾌한 아침공기아줌마, 제 예쁜 얼굴이! 무지개
고 작은, 손톱에
꼬집혀!
아직도
오색영롱(五色玲瓏)한
피가,
퐁퐁
나거든요!
저는요, 이런 말썽꾸러기예요!
저 눈부신 아침햇살이, 사랑하는 우리 아빠거든요!
우리 아빠[父]가, 돌아오시면!
작은 풀잎
위에서,
꽃잎과
함께 동그랗게 놀다가!
그만
노랗고
빨간, 그 꽃빛과
싸워서! 혼자 반짝반짝 울다가, 이제는 영영 뿌리로
돌아갔다고! 그렇게

꼭, 말씀해 주세요! 저쪽의, 저 상쾌한 아침공기아줌마!!

가장 촉촉한 침묵
– 하얀 달빛의 언어

엉덩이, 까맣게 흔들며 찾아오는 캄캄한 밤! 당신을
참으로, 유혹하고 싶어요?
떠나는 가을의
뒷모습이, 창백(蒼白)히 보이는
밤이면!
더욱, 그래요!
저 귀뚜라미아저씨!
달빛, 제 하얀
목소리 잘 들리세요?
너무 그렇게 시끄럽게, 저 멀리 그리움의 세계로!
저를, 데려가지 마세요?
지금 그 그리움의
세계는 어느새 제가
그렇게 꿈꾸던,
그런
아름다운 고향(故鄕)이 아니에요!
이제 그곳은
벌써 칼잡이, 저 LED등(燈)
그 밝은 불빛 그놈이! 가장 창백한 거짓말로, 아주
눈부시게 밤마다!

달빛 저를, 너무 잔인하게 괴롭히고 있단 말이에요!!

가장 촉촉한 침묵
- 겨울바다의 언어

새파랗게 젊은 하늘아저씨, 안녕하세요! 제 배꼽 아래,
몹시 꿈틀거리는 그 수평선(水平線)!
밤[夜]마다, 황홀하게
잘 다스리고요!
저 쌀쌀한
눈보라 데리고,
지금 잘
살아요!
이 추운 겨울바람에, 펄펄
끓는 저 파도로! 지나가는 배 몇 척, 삶아먹고 지금 잔뜩
배불러요! 이럴 때, 신나게
저 높이
날아가는
하얀 갈매기
날갯짓이!
바로 겨울바다,
제 즐거운 노래거든요!
오늘도, 그리움으로 몹시 출렁거리는
제 마음속에 헤엄치는! 저 날씬한, 유선형 물고기들을
참 예쁘게

기르는 것이! 그나마, 고독한 제 유일한 낙(樂)이거든요!!

가장 촉촉한 침묵
– 소나기의 언어

모두들, 안녕하세요? 저는, 강(强)한 소나기예요! 오늘은
잠깐! 지상(地上)의, 제군(諸君)들을
목욕시키려 왔거든요!
자, 먼저 꽃피는 저쪽 작은 풀잎부터 어서 빨리
이리로 오세요!
새벽안개
묻은, 그 칙칙한 옷부터 벗으세요!
먼지 때가, 참
많군요! 나무들은,
잠깐만
저리 좀 옆으로
비켜주시겠어요? 저쪽 푸른 들녘은, 잠시
잠깐만 기다려주시고요! 어린 저 과일나무들부터, 어서 빨리
깨끗이 씻겨야하거든요! 아직 새파란 어린
꼬마과일, 제군들!
그렇게
막 시끄럽게 너무
많이, 제 팔에!
무겁게, 매달리지 마세요? 소나기
제가, 지금
너무 힘들거든요!
저쪽에 계시는 높은 산(山), 당신도! 이리 와서

저 좀, 도와주세요!
제가 지금, 눈코 뜰 새 없이 바빠
정신이 하나도 없거든요! 오늘은, 저 무더운 여름하늘에다!

뭉게구름, 그 하얀 빨래를 잔뜩 빨아 널어놓고 왔거든요!!

가난
― 전투(戰鬪)

   가난도
   이기려면,

   처절(悽絕)한 전투다!!

가장 촉촉한 침묵
– 아지랑이의 언어

아직도, 쿨쿨 잠만 자고 있는! 저 대지(大地)의
뺨을, 때리고 있어요!
어서 빨리
깨워야, 하거든요?
혼수는
아니지만,
정말
너무나 깊은 수면상태(睡眠狀態)에 있거든요!
저는
지금 그런
대지를
깨워야, 하거든요!
저쪽
산 너머에서, 봄비가!
벌써, 그 하얀 가운을 입고! 청진기(聽診器)를
들고, 막!

그 촉촉한, 발걸음으로! 아주, 급히 달려오고 있네요!!

가장 촉촉한 침묵
- 고향의 아침 언어

저 초록빛 생명들이 깨어나, 참 부지런히
움직이고 있네요!
나무들은
일제히, 몹시 시끄럽게
산(山)으로
오르고요!
젊은
호박넝쿨은 밤새
동그랗게 울고 있는, 새파란 쌍둥이를 또
낳았네요! 저쪽의
고 작은
들녘이,
반짝이는
이슬로! 아침식사가,
다 끝날 무렵!
고향(故鄕) 마을은
어느새 물소리 새소리, 그 폭격(爆擊)을
받아!

아침부터, 벌써 초토화(焦土化)가 되고 있네요!!

가장 촉촉한 침묵
– 여름에 부는, 산들바람의 언어

저쪽 멋진, 저 초록빛 들녘아저씨! 제 이 허리를,
좀 보세요! 풀잎 끝에서, 얼마나
날씬하게
나풀거리나요?
한창
짝짓기 하는,
나비들의
그 황홀한
날갯짓 같지 않으세요?
제 입맛대로, 이 세상을 한창 녹이고 있어요!
이 무더운 날, 꽃보다 솔직히 제 유혹(誘惑)이
더 향기롭지 않으세요?
저쪽의 멋진,
초록빛
들녘아저씨!
이
요염한, 제 유혹의
버릇은!
타고난, 제 DNA인걸요! 제가
요렇게 요염(妖艶)할수록, 이 세상 모든 사람들이!
춤추는, 그 달콤한

행복과 즐거움을! 마음껏, 정말 맛볼 수 있지 않을까요?!

가장 촉촉한 침묵
- 외로운 소나무의 언어

안녕하세요! 저는요, 늘 푸른 소나무예요! 아침마다 하루의 날씨를, 제 파란 새끼손가락으로 찍어 맛보며 살아요! 저쪽의 저 하늘이, 가장 다정한 제 친구거든요! 그러나 그놈은 정말 종잡을 수 없는 놈이라서, 제가 늘 고민이 참 많거든요? 그놈은 금방 좋다가도, 금세 얼굴에 시꺼멓게 먹구름 끼고! 막 화내며 번개 치고 정신없이 비바람 몰아치는, 그런 놈이거든요! 물론 저 눈부신 햇살 마음껏 배부르게 먹고, 참으로 기분 좋은 그런 날은요! 하루 종일 목소리 파랗게 노래하고, 아지랑이 그 애인(愛人)까지 데리고 와 신나게 깔깔대고! 산들바람과 함께 장난치고, 그리고 저 뭉게구름 한없이 둥둥 떠가는 그 재미나는 이야기로! 하루해가 언제 다 지나갔는지도, 잘 모를 때도 종종 참 많지만요! 하여튼, 하늘 그놈의 속마음은! 알듯 하면서도, 도대체 알 수가 없거든요? 그래서 차라리 혼자 늙어가면서, 지금껏 마음속에 잔뜩 욕심 부리고 살아온 그 모든 걸 싹 비워버리고! 저 외로운 멋쟁이 그 고독(孤獨)을, 새로운 제 친구로 사귀고 있어요! 그게 오히려, 가장 홀가분하고 행복하거든요! 이 난세(亂世)에, 잡념(雜念) 하나 묻어있지 않는 저 깨끗한 그 착한 고독과 함께 늙어 가는 이 영광이! 그래도, 정말 얼마나 천만다행(千萬多幸)인지? 아마 그 누구도, 잘 모르실 거예요! 어느 때는요, 괜히 저 혼자 행복해서! 그냥, 눈물이 핑 돌 때도 참 많거든요! 저쪽에서 날마다, 홀로 저렇게 빙긋이 미소(微笑) 띤! 저 돌부처아저씨에게, 오늘은 가장 깨끗하게 한번 물어 봅시다? 어차피, 우리는 한번 태어나면! 누구나 다 외로운 소나무 저처럼 그렇게 살다가, 죽는 거 아닌가요? 이

것이 바로, 가장 정직한! 우리 모두의, 일생(一生)의 그 삶이지 않나요……?!

꼴등
- 1등이

꼴등이 있기 때문에
1등이,

가장 화려(華麗)하다!!

가장 촉촉한 침묵
– 햇빛의 언어

모두들, 그렇게 함부로 까불지들 마세요! 제 눈썹에
주렁주렁, 당신들의 그 생명이 매달려있단 말이에요!
아세요? 저쪽 달콤한
저
과일 그것들이,
저렇게
제아무리
빨갛게 건방져 보여도요!
그것 다, 바쁜 제 발걸음이란 말이에요! 사람들
입으로 들어가는, 달디 단
먹거리
그
행복(幸福)도,
알고
보면?
제 살과 제 피[血]로,
만들어진 걸 아세요? 모두들 제발 그렇게 함부로,
좀 까불지들 마세요! 소중한, 당신들의 그 생명도
알고 보면? 그것 다

햇빛, 제가 소유(所有)한! 제, 재산이란 말이에요!!

노래
― 침묵(沈默)

침묵(沈默)은
자연이 부르는,

가장 황홀한 콧노래다!!

문명(文明)
― 원리(原理)

기계문명(機械文明)은
모두가, 그 황홀한

성적원리(性的原理)다!!

제2부

가장 촉촉한 침묵
- 노란 가을국화의 언어

옆에 함께 살던, 제 친구들은 벌써 다 죽었어요!
찬 서리 내리는 그 날씨에, 모두 맞아죽었어요!
저 혼자만, 이렇게
살아있어요!
조금도,
두렵지 않아요!
저 잔인한 찬 서리, 그놈도 결코
저를
죽일 수는
없어요! 활활 타는
뜨거운, 지조(志操) 때문에! 제 몸이 지금 온통
불꽃으로, 활짝 피어 있거든요! 잔인한 늦가을
그놈의 목을, 제
손으로
반드시
꺾고 말거예요! 늦가을보다
더 잔인한, 겨울
그놈이!
눈보라,
그 시퍼런 칼 들고 막
무섭게 달려온대도! 이대로는 저는, 절대로 죽을
수 없어요? 제 사랑을 이렇게, 노랗게 팔팔 끓게

하는 그분이! 제 앞에 오실 때까지는, 이 향기

그대로! 끝까지, 죽지 않고 그분을 꼭 기다릴 거예요!!

벽(壁)
– 먼지

저렇게 높은 벽도
그 근원(根源)은 저 허공에

나는, 한 알의 돌가루〈먼지〉다!

가장 촉촉한 침묵
- 설중매(雪中梅)의 언어

그렇게들 희뿌옇게, 모두들 함부로 까불지들
마세요! 눈[雪] 속에 핀, 제 이 맑은 눈빛을
똑바로 한번 보세요?
숨어,
보이지 않는!
당신들의 그 속마음을
향하는,
날카로운 비수(匕首)예요!
제 옷차림은요 매우, 우아하고 향기롭지만요!
제 정신은, 지조와 절개로!
날선,
시퍼런 그 칼날이에요!
마음이, 날마다
저
구정물처럼! 그렇게
희뿌옇게 움직이는, 당신들의 그 흐릿한
깊은 속마음을! 언제나, 제 맑은 눈빛처럼!
그렇게

아주, 깨끗하게 정화(精華)시키려 왔거든요!!

가장 촉촉한 침묵
- 푸른 대나무의 언어

안녕하세요! 저는, 무조건(無條件) 착하게만
자라고! 날마다 푸르기만 한, 그런 키다리
대나무예요! 그 흔하디흔한
섹시(sexy)한, 배꼽티 하나!
아직도
그 아슬아슬하게,
입어보지
못했거든요!
참으로, 속빈 바보예요!
세상에는 벌써, 남성들의 긴 혓바닥이 얼마나
사치스러운 탐욕(貪慾)으로 변했나요? 감추지
못하는, 노출(露出)이!
바로, 하늘로 날고 싶은
여성(女性)들의
그 화려한
날갯짓이 아닌가요? 이럴 때,
저같이 그 속 빈 바보는요!
댓바람소리 그 그윽한, 대금이나 불면서!
저렇게 아름다운, 그 환한 달빛[月光]이나
데리고, 밤마다

하늘을 나는! 꿈같은, 그런 신선이나 될래요!!

가장 촉촉한 침묵
– 난(蘭)의 언어

이 희뿌옇고 흐릿한 세상에, 어쩌다 그만 제가
하얀 뿌리를 내렸어요! 잎은
타락한 먼지에
맡겨져도, 뿌리만은
여전히
순결하고 깨끗해요!
하늘을 받들고,
어느새 제 작은 꽃들이!
그 은은한 향기로, 깊은 사색에 잠겼어요!
말라서 죽더라도, 굵은 꽃대 위에서! 하얀
그 순결은, 끝까지 지킬
거예요! 제 앞에서
소란스런 소음과,
희뿌옇게
살찐 저 먼지들이!
제아무리
즐거운, 만찬(晚餐)을 벌려도!
결코, 뿌리 밑의 제 먹이는! 단, 한 방울도
불순물 하나 없는!

저, 정화수(井華水) 같은! 그런, 선비정신이에요!!

가장 촉촉한 침묵
- 추운, 어느 겨울날의 독백

이 세상을, 가장 달콤하고 황홀하게
뽀뽀[kiss]할 수 있을까요?
만약, 당신의
입술이
저
날개라면?
가능해요! 눈[雪]이
소금처럼 하얗게 뿌려져, 간맞추는!
이 긴 겨울, 한나절!
그
쌀쌀한
찬바람이,
찻잔 속에
꽃잎처럼 동동 떠다니는!
이 눈 내리는, 하얀 겨울 공간! 그
한 복판에 서서

나 혼자 즐기는, 이 향긋한 외로움!!

가장 촉촉한 침묵
– 잘 익어가는 김치 맛의 언어(1)

저는요, 지금 가장 맛있게 잘 익어가는 그런 김치예요!
매콤하고, 새콤하게 춤추는
매혹적인
제 허리에!
세계의
입맛들이
주렁주렁, 가장 짜릿하게
막 매달린단 말이에요! 전, 이제 어떻게 하면 좋아요?
날마다, 고 매콤한 제 아랫도리가! 지금 한창 아릿하고
새콤해, 너무나 황홀하단
말이에요!
주인(主人)
아줌마의
그 순결한,
손맛을 뒤로하고! 매운
마늘맛과, 고춧가루의 그 정열적인 빨간 눈웃음으로!
김치 저는요, 지금 사람들의

혀끝에서! 점점 더, 눈부시게 섹시(sexy)하단 말이에요!!

가장 촉촉한 침묵
– 잘 익어가는 김치 맛의 언어(2)

저는요, 지금 가장 맛있게 잘 익어가는 그런 김치예요!
빨간 철모를 쓰고, 이 나라 밥상을
지키는 총사령관(總司令官)이에요!
저 늙은 된장국과,
눈매
그
매서운 저 고추장도! 이 나라
밥상
위에선,
김치
제 명령에 무조건
복종이에요! 저 하얀 쌀밥은요, 이 나라 생명을 지켜온
지존(至尊)이거든요!
맛있는
김치
저는요,
이 나라 하얀 쌀밥을 위(爲)해!
빨갛게
피
흘리며, 끝까지
목숨 걸고 싸울 거예요! 이 나라
밥상 앞에서, 제아무리 노랑머리

저 빵들이! 달콤하게, 우리를 유혹(誘惑)한다 하더라도!
김치 저는요, 결코 물러설 수 없는!

오천년, 이 나라에! 마지막 남은, 자존심(自尊心)이거든요!!

보석
    − 자원(資源)

    쓰레기도
    활용하면,

    가장 값진 자원(資源)이다!!

가장 촉촉한 침묵
– 나비의 언어

눈부신, 햇빛아저씨! 꿀이 그렇게, 무서울 줄은
정말 몰랐어요? 달콤하다는
말만 들어도
이제는,
온몸에서
아찔하게
현기증이 나거든요! 나비
우리들도
저 인간들
같았으면,
쉽게 꿀을 먹을 텐데........? 하여튼
나비 우리들은, 꽃이 제일 무서워요! 황홀한
그 유혹 속에, 꿀이 고통(苦痛)처럼!
가장 무섭게
꼭꼭,
숨어있기
때문이에요! 산다는 게,
너무나
힘들어요?
오늘따라,
달콤한 그
삶의 고통을 한번 맛보라는!

미소 띤, 저 꽃들 앞에서! 춤추는 나비 우리들의
이 날갯짓이

왜, 이렇게나 미운지? 정말, 알다가도 모르겠어요?!

미소
　불꽃

　　미소(微笑)는
　　사람을 녹이는,

　　불꽃이다!!

가장 촉촉한 침묵
– 땅속 굼벵이의 언어

지렁아! 꿈틀거리는 그 즐거움에, 오늘도 너는 얼마나 흠뻑 시뻘겋게 취(醉)해 있느냐? 굼벵이 나는, 지금 죽음보다 더 힘겨운 인내(忍耐)로! 오직 살아남기 위한, 그 뜨거운 숙명(宿命)의 삶을 요리(料理)하고 있단다! 눈물로 힘들게 지은, 땅속 내 집이 하루아침에! 소나기에 둥둥 떠내려가는, 이 허무한 삶의 현실! 목마를 때마다, 그 꿈틀거림을 마시고 시뻘겋게 꿈처럼 취해 사는 지렁아! 우리도 저 인간들처럼, 밤낮 꿈틀거리는 그 지겨운 몸부림대신에? 이 넓고 넓은 땅속[地下]세계에서, 미치도록 부동산투기(不動産投企)나 한번 해 볼래? 나도 빨리빨리, 더럽고 구린내 나는 그 돈이나 실컷 벌어서! 한가롭게 콧노래 부르며 사는, 그런 살찐 매미가 어서 빨리 되고 싶어! 그래서 오늘도 이렇게 등에 진, 이 무겁고 아픈 그 긴 시간을 참고 견디며 기다리는 거야! 밤낮없이 시뻘겋게 취해 꿈틀거리는, 지지리도 못난 내 친구 지렁아! 어디 한번 이 굼벵이, 나를 지켜 봐! 어쩌면? 저 푸른 허공을, 하루아침에! 내 즐거운 콧노래로, 싹 쓸어 다 소유(所有)해버릴 수 있는! 재벌(財閥) 같은, 그런 엄청난 여름[夏]을! 반드시, 만들고 말거야! 내 친구, 지렁아! 꼭, 한번 지켜 봐?!

가장 촉촉한 침묵
- 풀꽃 속에 사는, 작은 개미의 언어

빨간 풀꽃아가씨, 안녕하세요! 저는, 아주 작은
개미예요! 아가씨의
그 촉촉한,
웃음 속에서! 질긴
목숨 할딱거리며,
발바닥이
다
닳도록!
밤낮 뛰어다니는, 그런 작은
개미예요! 부지런함이, 제가 가진 재산(財産)의
전부예요! 천부적(天賦的)인
이 본능이,
오직
개미 제가
가지고 있는!
유일한,
현금(現金)이거든요!
그래서
당분간은, 이 예민한
제 더듬이와 날카로운 이 아래턱과 날씬한 제
허리를! 타락한 하느님,

당신에게! 그렇게, 쉽게 팔지 않아도 될 것 같아요!!

가장 촉촉한 침묵
– 숲속의 작은 도토리의 언어

귀가 몹시 쫑긋한 다람쥐아저씨, 안녕하세요!
저는요, 얼굴 동그란 작은 도토리예요!
아저씨의 그 줄무늬,
넥타이(necktie)가
너무나 멋있어서! 이렇게, 공중에서
목숨 걸고
뛰어내렸어요!
저, 어떠세요?
참으로 매력적이지 않으세요?
아저씨의 뜨거운 입김으로, 우선 이 두꺼운
옷부터 좀 벗겨주세요! 촉촉한
제 속살은
아직도, 환한
저 달빛[月光] 같아요!
넘치는
그 탄력성(彈力性)이 금방이라도, 막
터질 것만 같네요!
날씬한 다람쥐아저씨,
제발 그렇게 두려워 떨지 마시고!
지금 마지막 남은, 제 요 얇은 이 속옷까지!
첫날밤, 신부(新婦)처럼

그렇게! 오늘밤, 가장 황홀하게 한번 벗겨주세요!!

무기(武器)
- 끝

끝은
갈수록.

아주 예리한 칼이다!!

제3부

가장 촉촉한 침묵
- 꿀벌의 언어

저는요, 가장 달콤하게 싸우는 꿀벌이에요!
꽃의 아름다움과
싸워
얻은
값진 전리품(戰利品)이,
바로
꿀이에요!
오늘도, 우리 여왕님의 그 명령(命令)을
날개 끝에 폭탄처럼 싣고! 전투기처럼
저
황홀한
꽃 속을, 폭격(爆擊)하고
있어요!
이것은,
그 달콤[甘]함을 훔쳐오는! 제 생(生)의

가장 짜릿한, 삶의 작전(作戰)이거든요!!

가장 촉촉한 침묵
– 젊은 시절, 제자에게 쓴 내 편지

젊은 시절, 내 별명이 유독 '개떡' 이라서!
어느 사랑하는
제자에게
쓴,
내 편지
한 줄!
 "나는 앞으로, 절대(絶對)로 '찰떡'이 되지
않겠다!"고
이렇게
그때는,
참으로
그냥 한번 멋으로
써본 이 말이! 어느덧, 벌써 정년(停年)을
앞 둔! 내 삶[人生]을

지금껏, 가장 건강하게 잘 이끌어주었다!!

가장 촉촉한 침묵
– 밤벌레들의 언어

안녕하세요, 우리는 밤[夜]에 사는 벌레들이에요!
먹고 먹히는 두려움을, 우리는
마음껏 즐겨요!
삶을, 고뇌할 시간도 없어요!
죽이지
않으면, 곧바로 죽어요!
찰나가
곧,
목숨이에요!
긴 밤을
우리는 늘, 이렇게 온몸이
파르르 떨려오는! 그 아찔한, 긴장감을 오히려!
밤마다, 즐기며 살아요! 죽이고 죽는, 그 오싹한
공포(恐怖)가 바로 우리들
일상이에요!
가장
비참한
순간이,
오히려! 가장, 행복한
그
순간일지도 몰라요? 어쩌면
일상 속, 축

늘어진 평화보다! 공포의 그
팽팽한, 긴장감이! 짧은 삶을, 아주 아슬아슬 하게
즐기는!

삶[生存]의 가장 신나는, 게임(game)일지도 몰라요?!

도서관(圖書館)
― 생각

생각이, 가장 포동포동
살찌는 나라가!

바로, 도서관이다!!

가장 촉촉한 침묵
– 여름 매미의 언어

저는요, 여름[夏]을 시원하게 요리하는 매미예요!
굼벵이시절, 땅속에서
한없이 굼틀거렸던
그 쓰라린
고통(苦痛)의 양념으로!
오늘은
저
뜨거운
허공(虛空)을 제 우렁찬
그 목소리로, 아주 시원하게 요리하고 있거든요!
제 목소리 끝에, 바람이
데리고
온
저쪽
바다 하나가! 탄력성
넘치는
풍경(風景)으로, 아주
요염하게 누워있네요!
이럴 때, 제 이 큰 목소리가! 저 뜨거운 허공을
보다 감칠맛 나게, 참 시원한

풍경(風景)으로! 아주, 맛있게 요리하고 있거든요!!

가장 촉촉한 침묵
– 짠 조선간장의 언어

저는요, 이 나라 그 미역국 속에서! 가장 감칠맛 나게 춤추는
오천년 늙은, 조선간장이에요!
제 성격(性格)은요
어디에서나, 시원하고 담백해요!
고
짭짤한
단군의
음모(陰毛)
하나가! 이 나라 역사(歷史)를
새롭게, 만들어 세우[建設]듯! 저도요, 지금 참으로 싱겁고
맛없는 이 나라에! 짭짤하게
잘 간맞춘,
새로운
역사를!
저
미역국 끓이듯, 그렇게! 맛있게
다시 한 번, 끓여
볼래요? 슬픈 눈물보다, 더 짠
제 솜씨로! 이 나라 저 희뿌연 하늘을, 파랗게 간맞추며!
아주 시원하고 깨끗하게, 이 나라

오천년 그 역사를! 다시 한 번, 감칠맛 나게 팔팔 끓여볼래요!!

가장 촉촉한 침묵
– 간장을 만드는, 짠 소금의 언어

안녕하세요, 저는요 간장 속에 사는 짠 소금이에요! 제 예쁜 모자(帽子)도 짜고요, 제 하얀 피부도 한없이 짜요! 제 얼굴의 귀여운 보조개도, 탐스런 제 입술도 놀랄 만큼 짜요! 간장이라는 아주 짠 집에서, 가장 귀(貴)하게 자라고 있어요! 우리 집 정원(庭園)도, 매우 짜고요! 우리 집에서 바라본 파란하늘도, 아주 눈부시게 짜요! 메주같이 냄새 나는, 좀 이상한 아저씨와 함께 살아요! 제 친구는요 전부가, 가장 맛있는 반찬(飯饌)들이고요! 언제나, 친구들과 신나게 노는 제 놀이터는요! 참으로 위험천만한, 인간들의 저 작은 혓바닥 위거든요! 그 맛있게 사는 음식들은요, 저를요 너무 깜찍하게 귀여워하고요! 저는요, 양지 바른 장독대 그 따뜻한 햇살과 날마다 소꿉놀이 하며 놀아요! 색안경 낀 저 얄미운 인공조미료 그놈하고는, 벌써 혈통(血統)부터가 달라요! 똑~ 똑~ 이렇게 떨어지는, 제 웃음 몇 방울은요! 인간들의 저 싱겁고 맛없는 행복까지도, 참 짭짤하게 매우 감칠 맛 나게 요리(料理)할 수 있거든요! 낙엽 지는, 쌀쌀한 저 늦가을아저씨! 눈 큰 고혈압(高血壓), 그 친구 혹시 만나시거든요? 최고 맛있는 간장, 우리 집 자랑은 절대로 하지 마세요! 그놈은요, 언제나 짠 우리 집 이야기만 나오면요! 막 두 눈에, 시퍼렇게 불을 켜고요 무섭게 덤비거든요! 고혈압, 그 나쁜 놈은요!, 저 같이 깨끗하게 자란, 눈부신 하얀 귀족(貴族)하고는! 절대로 상대할 수 없는, 그런 가장 얄밉고 나쁜 놈이거든요!!

가장 촉촉한 침묵
- 매운 고추장의 언어

사랑하는 하느님, 안녕하세요! 저는요, 빨간
고추장이에요! 탐스런 제
입술의
요 루주(rouge),
어떠세요?
정말, 섹시(sexy)하지요?
저는 원래
하느님
당신
앞에서만, 늘 요렇게
섹시하고 아름다워요! 하느님, 첫날밤 제
그 짜릿한 속살 맛
아직도 기억하시죠?
제 품안에서
막 솟구치던, 당신의
그 땀방울은
당신이
절정에 이르던! 가장 황홀한
그 순간이, 아니던가요? 한창 예쁜, 제
빨간 입술에서! 오천년 웅녀(熊女)의

그 웃음소리가, 아직도 참 매콤하게 들리시죠?!

가장 촉촉한 침묵
– 된장국의 언어

저는요, 지금 보글보글 끓고 있는 된장국이에요!
제 특유의 독특한 웃음소리가, 골목
골목마다 참 맛있게 저 멀리까지 들리시죠?
누구나, 삶은! 고 매운
청량고추
송송 썰어 넣고,
보글보글
끓이는! 그런, 된장국이거든요!
우리의
자랑스러운,
그 오천년 역사(歷史)도!
미우나 고우나, 서로 모여서 된장국을 보글보글
끓여온! 참으로, 기나긴
삶의
시간들이었죠!
때로는, 그 톡 쏘는 삶의 아픔도!
그 향긋한
사랑의, 그리움도!
듬성듬성
약긴, 좀 매콤하게
썰어 넣고! 삶의 그 맛있는 된장국을, 보글보글

끓이다보면? 우리의 그 허무(虛無)한
인생(人生)도, 밥 한 그릇 그냥 뚝딱 해치우는!

참으로, 살맛나는 그런 맛있는 된장국이 되거든요!!

독(毒)
- 의심(疑心)

의심(疑心)은
처음부터,

맹독(猛毒)이다!!

가장 촉촉한 침묵
– 한창 익어가는, 복숭아의 언어

반가워요! 저는요, 하느님의 그 귀여운 막내딸
복숭아예요! 벌써, 저도요 반항기
사춘기(思春期)라!
가슴이 막 터질 듯, 엉덩이
팡팡해졌어요! 누구나 한입
확~!
깨물면? 그냥 단물이
주르륵
흐르는,
그런
날을 기다리며!
자꾸만 속살이 익어, 지금 한창 탄력성 넘치는
그런 예쁜 복숭아예요! 불같이, 뜨거운 여름날!
눈부신 저쪽의
햇빛
오라버니,
조금만
참고 기다려 주세요!
한창
통통하게 자라는 하느님의
막내딸, 이 예쁜 복숭아가!

가장 달콤하게
잘 익은, 그 첫 빨간 생리(生理)
때! 우리, 보다 달콤하게 만나요! 그때는 귀여운
저를요, 정말 단물이 주르르 흐르도록!

그냥, 사정(事情)없이 한입 확 깨물어 주세요!!

눈물
— 가짜

눈물도
자꾸, 가짜가 많아지는

세상이다!!

가장 촉촉한 침묵
– 시골의 그 눈 큰, 황소의 언어

저는요, 커다란 눈으로 말하는 황소예요! 옛날에는
길게 뽑는, 제 바리톤(baritone)
울음소리가!
온 동네를, 가장 고소하게
동동 떠다니던
그런 참기름이었는데요!
지금은
시골의
골목마다
요란스러운, 경운기(耕耘機)
그 녀석들의! 마지막, 숨넘어가는 그 소리들뿐이에요!
삶[生]의 행복은, 일하는 재미에서 퐁퐁 솟는! 가장
맑은, 그런 샘이 아닌가요?
그런데요,
시끄러운
경운기
그 녀석들이요! 행복한
제 일들을, 벌써
다 먹어치웠어요! 이제는
겨우 제게 남은
미래(未來)는요, 어서 빨리 죽어!

시뻘건 숯불 위에서, 제 살이 막 지글지글 타는!
그 맛있는, 불고기로 익어가는!

그런, 현대문명의 그 고소한 절망(絶望)뿐이에요!!

독신자
— 자유(自由)

삶의
완전한 자유가.

독신자(獨身者)다!!

가장 촉촉한 침묵
– 눈물의 언어

저는요, 가장 아름다운 액체예요! 무지개를
먹고사는, 아침이슬도요
제 앞에서는! 언제나
무릎을,
꿇어요!
너무
행복해서
온몸이, 나른해도!
너무 슬퍼서, 가슴이 막 아파도! 그 마지막엔
자랑스러운 제 노래, 이것 하나만 남거든요!
눈물, 제 존재가요!
바로
인간의
가장
큰, 삶의
그 위대한 무게인걸요!
이 세상 가장 뜨거운
사랑은요, 저 인자(仁慈)하신 하느님의 그
사랑 보다요! 눈가에, 흘러내리는

촉촉한 제가요! 전부, 다 소유하고 있거든요!!

제4부

가장 촉촉한 침묵
– 땀의 언어

모두들, 좀 비켜주세요! 흠뻑 젖은
이마에서 불꽃처럼, 뛰어내려!
저 게으른 자들의,
목을!
댕강, 내려칠래요!
아침이슬처럼 반짝이는 동그란
제 꿈은요,
언제나
일하는
그 즐거움이거든요!
저에게는, 저쪽의 저 나태(懶怠)한
자들의 그 메마른
이마가!
날마다,
참으로
철천지원수(徹天之怨讎)인걸요!
소금기[鹽分] 묻은,
그
날카로운 제 작은
비수(匕首)로! 저렇게 싱겁게
누워있는, 저 게으른 자들의 목을!
짭쪼롬하고,

가장 맛있게! 그만 댕강, 내려칠래요!!

사회(社會)
- 기계부품(機械部品)

　　인간이
　　하나의 기계부품(機械部品)이면,

　　사회다!!

가장 촉촉한 침묵
– 피(血)의 언어

저는요, 엄청난 자유(自由)를 불러온 빛깔이에요!
죽을 수 있는 용기(勇氣)가, 타고난
제 체질이거든요! 가장 뜨거운, 역사의
그 현장에는!
언제나, 손바닥만 한
제
작은 심장이 살아서
펄펄 뛰고
있어요!
언제라도, 저를 불러만
주세요! 분수(噴水)같이 솟구칠, 그 검붉은
무기(武器)를 번쩍 들고!
현장으로,
활활 타는
불꽃으로 달려갈게요!
저는요,
가장 싱그러운 자유의
그 빛깔이에요!
자, 보세요? 금방이라도 하늘[天] 높이
솟구칠, 이 검붉은 제 팔뚝의 힘을
한번 보세요? 나약한, 하느님의 저 믿음보다!
검붉게, 하늘 높이

솟구칠! 제 힘이, 훨씬 더 믿음직스럽지 않나요?!

생명(生命)
− 나머지

성적(性的) 쾌락(快樂)의
그 나머지가

바로, 우리의 생명이다!!

가장 촉촉한 침묵
– 외로운 고독의 언어

외로운 고독(孤獨), 저는요! 날마다, 도둑[盜]이에요!
밤하늘, 반짝이는 저 별빛도 훔쳐다가요!
그리운 순이의, 그 긴 속눈썹에다 감추고요! 저쪽,
아롱거리는 조 아지랑이도 훔쳐다가요!
하얗게
웃음 짓는 조 작은
냉이꽃 속에다
아무도 몰래, 꼭꼭 숨겨놓아요! 첫사랑,
그 그리움에
흠뻑 취(醉)해!
저 먼 하늘이
그만, 설탕처럼 달콤하게 녹는
그런 날이면요? 벌써 저쪽에서, 그 눈빛 나른한
복숭아꽃 그녀도! 그만, 고독 제 앞에서! 분홍빛
그 마지막 속치마까지, 훌훌
다 벗어버려요!
고독 저는요,
달빛 같은 그런
그윽한 도둑이에요! 잔잔한 물소리도
훔쳐다가요,
그리운 그 사람의
귓속에다

철철 넘치도록 가득가득 채워놓고요!
새소리도 훔쳐다가요 저 물오른 앞산, 그 새파란
아랫도리에다 아주 촉촉하게 숨겨놓아요!
가끔은 뭉게구름 둥둥 떠가는, 저 먼 풍경(風景)도
훔쳐다가요! 가장 외로운, 그 사람의 영혼에다

꽃병의 꽃[花]처럼! 그렇게, 아름답게 꽂아놓거든요!!

순수성
— 특권(特權)

  오직 자연(自然)만이
  가진.

  특권(特權)이다!!

가장 촉촉한 침묵
– 첫사랑의 언어

태어난 그 죄(罪)로, 이렇게 가슴이 불꽃처럼 터져도 되나요? 어둠이 갑자기 환해지는 이 황홀경(悅惚境)! 세상이 제아무리 누추하고 더럽더라도, 사랑하는 그분만 제 곁에 있다면! 어디를 가나, 전부 성스럽고 순결하고 깨끗해요! 그래서, 오히려 두려워요? 사랑이, 행복이, 이렇게 두려울 줄은 예전엔 정말 몰랐어요? 하늘이, 지금 끝없이 땅으로 훨훨 내려앉아요! 땅이, 온통 하늘로 막 붕붕 떠올라요! 너무나, 이상해요? 세상이 빙글빙글 돌고, 막 혼돈스러워요! 왠지? 자꾸만, 몽롱해지고 아득해져요! 제가 누군지, 여기가 어딘지 잘 모르겠어요? 환희의 날개를 타고, 저는 지금 지구(地球) 밖을 떠나고 있는 그런 기분이에요! 태어난 그 죄로, 이렇게 온천지가 황홀(恍惚)해도 되나요? 사랑하는 그 분이, 지금 저를 새롭게 창조(創造)하고 있어요! 사랑하는 그분이, 지금 저 성스러운 하느님이 되시는! 그런, 기적(奇蹟)같은 가장 거룩한 순간이에요!!

가장 촉촉한 침묵
– 시간의 언어

제, 본능(本能)은요! 언제나, 빙글빙글 도는 원(圓)이에요!
새싹들이 부르는, 저 눈부신
파란 합창(合唱)도요
알고 보면? 봄비 끝에
제가, 작곡(作曲)한 음악(音樂)인 걸요!
제 손목에는요, 계절이
바뀌는
그 톱니바퀴시계를
언제나 차고
다녀요!
당신들의 그 굵은 주름살은요, 가장
맛있게 죽음[死]을 요리할 때 쓰는! 최고급, 제 양념인걸요!
시계 속, 저 빨간 초침, 제 발걸음이!
벌써
똑딱똑딱
빨간 가을단풍으로
어느새, 바뀌고 있네요!
당신들의 그 얼굴이
지금
가장 달콤한 과일로, 한창 익어가고
있는 걸 아세요?
잘 익은 저 노인들의

얼굴만큼, 제가 먹어본 과일들
중! 그만큼 상큼하고, 그만큼 달콤한 과일은 없었거든요!

시간(時間), 제 본능은요! 언제나, 빙글빙글 도는 원이에요!!

슬픔
  - 양념

    눈물로
    양념한 요리(料理)가,

    슬픔이다!!

가장 촉촉한 침묵
- 무(無)의 언어

무(無), 저는요! 죽음 그 너머에 사는, 가장 촉촉한
언어예요! 아무렇게나 나뒹구는, 냇가의
저 작은 돌멩이들도!
살아서
서로, 아침저녁 눈
맞추며!
정답게
도란도란,
이야기하게 하고!
길가의 저 버린 쓰레기들도
눈짓과 손짓으로, 서로 오순도순! 사랑을 나누게
하는, 그런 촉촉한 언어예요!
아침마다, 저 먼
하늘로!
경건히
두 손[手]
모으면, 저쪽의
텅 빈
저 허공도! 살아서,
지그시 눈뜨게 하는, 그런 하느님의
언어예요! 무(無), 저는요! 캄캄한 죽음 그 너머
어둠 속에서, 날마다 환하게

태양(太陽)처럼 떠오르는! 그런, 환희의 언어예요!!

가장 촉촉한 침묵
- 무더운 여름날, 땀방울의 언어

무더위를, 동그란 귀고리로 만드는 땀방울이에요!
땀방울 제가요, 보다
즐거워질수록! 저 초록빛의
그 아랫도리는,
더욱 더
싱그러워지거든요!
엊저녁
비바람에,
더욱 신나는 저 폭포
녀석이! 발가벗고 막 수직(垂直)으로, 뛰어내리는
그 아찔한 행동 앞에! 산들바람도, 그만 후유~
하고! 놀란 가슴 한창
쓸어내리고
있네요!
요동치는, 본능을!
하늘도
잠깐 눈감아주는
여름, 이 젊음의 계절! 지금
한창 눈빛 이글거리는,
저 뜨거운 대상의 유혹(誘惑) 앞에! 사람들은, 모두가

그만 시원한! 저 파도의, 푸른 노예가 되고 마네요!!

가장 촉촉한 침묵
– 어느 화강암의 언어

이보세요? 제, 요 울퉁불퉁한 가슴속에!
탄력성(彈力性) 넘치는,
천사 같은
아주 예쁜
한
소녀가
살아요!
정(釘)과 망치를, 어서
빨리 가져오세요! 단, 그 몇 분만이라도!
"조각가(彫刻家)의 그 그윽한 눈빛으로
한 번만, 저를 바라봐
주세요?"
그러면,
제
이 울퉁불퉁한
가슴속에서! 초경(初經)을
막 금방 끝낸 한 소녀가, 아주 환하게!

미소 짓고! 가장 예쁘게, 걸어 나올 거예요!!

가장 촉촉한 침묵
– 해맑은 물빛의 언어

제, 젖꼭지를!
하늘이,
물고 있어요!
하늘은,
칭얼거리는!

어린, 제 아들놈이에요!!

제5부

가장 촉촉한 침묵
- 흰 구름의 언어

저는요, 옛 신선(神仙)을 닮은 흰 구름이에요!
하늘에서, 지금 무릉도원(武陵桃源)을
찾아가고 있어요!
허리를 묘하게 꺾어놓고
삶[人生]의,
그 하얀 여백(餘白)도
하나 없이!
컴퓨터
앞에서, 하루 종일 죽어가는
현대인에게! 몹시, 약 올리고 싶어서 그래요!
자식(子息)들, 제아무리 가슴에 끼고! 그렇게
금빛처럼, 닦고 또 닦아도!
결국은
그놈들이,
가장 찬란한 미래의
웬수인 것을!
어찌, 꿈엔들 아시겠어요?
이제부터, 당신들도
제발 그 무거운 삶의 짐 다 훌훌
벗어 던지고! 하늘의 흰 구름 저처럼, 훨훨
춤추면서! 하루빨리

자기행복, 그 황홀한 무릉도원이나 찾아가세요!!

가장 촉촉한 침묵
– 한창 익어가는, 가을들녘의 언어

저는요, 분만(分娩)을 앞둔 가을들녘이에요! 뒤에서
보면, 제 그 걸음걸이가 익을 대로 익어서! 참으로
노랗게 뒤뚱거리지요? 산들도 제
모습을 보고,
웃음을
참지
못하고!
저렇게, 막 킥킥대며
그만
빨갛게 단풍으로 자지러지고
마네요! 지금 한창 바람과 햇볕도, 제 분만 준비에
손놀림이 더욱 빨라졌어요! 제 아랫배에서는, 벌써
기다리던
진통이 왔거든요! 저쪽
저 가을
입구에서,
과일들도
급히 청진기를
동그랗게 들고서! 얼굴이, 막
빨갛게 달려오고 있네요! 사랑하는, 저 농부아저씨들!
조금만, 더 기다려 주세요! 들녘마다, 제 아들딸들이
태어나는 그 첫울음소리가!

곧, 가마니마다, 가득가득! 가장, 황홀히 들릴 거예요!!

가장 촉촉한 침묵
– 이 달 밝은 가을밤의, 제[我] 언어

저무는 오늘도, 또 하루가! 어느새
달빛 환하게 찾아오는 밤입니다!
괜히, 왠지? 설레어!
잠
못
이루는,
이
깊은
가을밤!
멀리 계시는, 그리운 그분에게!
휘영청
밝은
저
달빛,
한
병(瓶)!
저 가을귀뚜라미
그 택배로, 보내오니! 술[酒]로,
쓰시든지? 화장품으로, 쓰시든지?

그것은, 당신의 마음대로 하소서!!

가장 촉촉한 침묵
– 내 고향(故鄕), 그 슬픈 언어

연(蓮)꽃 같은 깊은 산(山) 속, 그 꽃잎 속에서 작은
벌레처럼 그렇게 행복했던 내 고향(故鄕)!
어릴 적
그 아름다웠던
한 폭의
수채화는,
이제는
간데없고! 몹시 찬바람 쌩쌩
부는, 생존(生存)의 그 처절(凄切)한 현실만 남아!
산기슭, 여기저기에 흩어져
누워있는
생기 없는
메마른 논밭들!
어느새
벌레 먹어,
여기저기에! 구멍 뚫린, 병(病)든 꽃잎처럼
나뒹굴고! 바람이 불 때마다, 그 우수수 떨어지는!
창백한 내일(來日)만, 골목마다

지금 낙화처럼 쌓여! 왠지? 자꾸만 눈물이 나네요!!

가장 촉촉한 침묵
- 땅(土)의 언어

모두들, 지랄이야 지랄! 그 돈[金] 보따리 숨넘어가듯 싸들고
모두들, 지랄이야 지랄! 내 발가락 끝에서
작은 씨앗 하나라도
할딱거리는,
그 숨소리가 들려야!
하늘이, 비로소
파랗게
보이지?
눈에 불을 켜고
새파랗게 치솟는, 새싹이라도 찾아야!
나무와, 사랑하는 저 숲들이! 빈손으로, 허공을 둥둥 떠다니지
않지? 불쌍한 나를, 피눈물 하나 없는
콘크리트로 제발
그렇게
숨통을
틀어막지 마!
내 먹이는, 곰팡이 같은
그런 썩은
돈이 아니야?
나는 지금, 목이 말라! 내일을 기다리는,
영글은 저 작은 씨앗 한 움큼이라도! 어서 빨리 벌꺽벌꺽
마셔야, 난 살 수가 있어! 제발 나를,

저 잔인한 콘크리트나 돈으로! 숨통을, 틀어막지 마~~~~!!

가장 촉촉한 침묵
- 무더운, 8월의 언어

저는요, 8월이에요! 무더위가, 제 애인이거든요!
불쾌지수(不快指數)가
바로, 제
애인(愛人)이
입고 있는
그 예쁜
비키니(bikini)이에요!
무더위
그녀의
탄력성(彈力性)이, 푸른 바다로 흘러넘쳐! 그만
하늘로,
솟구치면?
시원한 갈매기 날개가
되거든요!
저는요,
지금 한창
행복해요!
깜찍한, 저 무더위 제
애인을! 푸른 바다로, 유혹해서! 가장, 날씬한

저 유선형(流線型), 물고기로 기르고 있거든요!!

가장 촉촉한 침묵
- 하얀 쌀의 언어

저는요, 불멸의 영웅(英雄) 하얀 쌀이에요! 잔뜩 고기 먹고 배부른 저 오랑캐, 햄버거(hamburger) 그놈들과 싸우는 군인(軍人)이에요! 정말 겉만 번지르르하게 기름기 흐르는, 저 속빈 강정 같은 뚱뚱이 제 조국(祖國)을요! 결단코, 날씬하게 지킬 거예요! 아직도, 늦가을 그 진한 햇빛냄새 아득히 풍기는! 제 하얀 엉덩이, 한번 토닥토닥 두들겨 주세요! 안개같이 눈앞이 흐릿한, 밀가루 그놈들과 끝까지 싸울! 가장 용감한, 제 하얀 엉덩이거든요! 날마다 윤기(潤氣) 자르르 흐르는 쌀밥, 그 맛있는 무기(武器)로! 저 잔인한 오랑캐, 노란머리 햄버거 그놈들을요! 단, 한 놈도 남기지 않고! 모두 다 아주, 싹 쓸어버릴 거예요! 어디, 한번 두고 보세요? 하얗게 흔드는 쌀밥, 제 촉촉한 요 엉덩이가요! 뚱뚱하게 죽어가는, 그 허약(虛弱)한 제 조국(祖國)을! 가장 건강하고, 가장 날씬하게 꼭 살릴 거예요! 요렇게 작아도요, 아주 용감한 하얀 쌀 저는요! 오천년 이 나라 그 눈부신, 우리 백의민족(白衣民族)을! 지금껏, 티 하나 없이 가장 깨끗이 지켜온! 그 불멸(不滅)의, 영웅이거든요!!

가장 촉촉한 침묵
– 밭에서 뽑아온, 무의 언어

저는요, 무예요! 절[寺]에서 스님을 지배하는, 그런 알 수 없는 무(無)가 아니라! 그냥 날마다 먹는, 그런 달콤한 무예요! 제 능력은요 아무 데나 끼어들어, 그곳을 몹시 달고 시원하게 만들어 주는! 그런 좀 별난 솜씨와, 별난 배짱을 가졌거든요! 만약, 어쩌다? 음식에 제가 빠지는 날이면! 이 나라 밥상이 그만 텅텅 빈다는, 그 놀라운 사실(事實)이에요! 꼭두각시들로 가득 찬 이 나라에, 살맛나는 찌개를 보글보글 끓이려면? 누구나 저를 앞세워, 콧등에 땀방울 송골송골 치솟는! 그런 매운 솜씨를, 자랑하거든요! 놀라운 것은요 세상에, 큰소리치는 놈들 대부분이! 병(病)든 무, 제 아랫도리를 아프게 갉아먹는! 시퍼런 그 징그러운 벌레, 꼭 그놈들 같단 말이에요? 퍼석하게 바람 든, 썩은 무 저만도 못한 놈들이! 글쎄, 이 나라 가장 맛있는 밥상을 자기들이 만든다고! 이곳저곳에서, 막 설쳐대며 큰소리치다가! 웬걸요? 다 된 남의 밥상 앞에 참으로 낯 두껍게, 빈 숟가락 하나씩만 달랑 쳐들고! 난데없이 무작정 나타나, 저희들이 만든 밥상이라고 서로 막 우겨대며 뒤엉켜! 시(時)도 때도 없이 물고 뜯으며, 마냥 피투성이 난장판을 벌리고 있거든요! 하느님아저씨, 도대체 이 일을! 앞으로, 어떻게 하면 좋아요? 저 철면피(鐵面皮)한 그놈들을, 다 싹 쓸어! 그만 저 쓰레기처럼 그렇게 다 불태워버릴 수도 없는! 이 아득하고 참으로 난감한! 이 나라, 이 캄캄한 현실(現實)을요?!

가장 촉촉한 침묵
– 냄새나는, 파의 언어

저는요, 파~하고! 그냥, 가슴이 펑! 터져버릴 것 같은, 그런 파에요! 타고난, 제 독특한 체취(體臭) 때문에! 냄새나는 그 이상야릇한 해장국이나, 곰탕같이 그 텁텁한 곳만 찾아다니는 양념이에요! 독(毒)한 마늘이나 고춧가루 같은, 그 자극성(刺戟性) 그런 친구 녀석들과 맨 날 어울려! 멀건 국물 위에 한없이 둥둥 떠다니는 참으로 한심한, 그런 얼간이 잡놈이거든요! 이 나라 현실(現實), 그 더럽고 흐릿한 흙탕물 속을! 꼭 미꾸라지 휘젓듯 휘젓고 다니는, 그런 얄미운 놈이지요! 그렇다고 당장 이 나라 양념계 밖으로, 깨끗이 사라져버릴 수도 없는! 참 난감한, 제 팔자(八字)인걸요? 그러나 따뜻한 봄날이 오면, 그 차가운 눈(雪)속에서! 제일 먼저, 새파랗게 혀 쏙 빼물고! 세상이 반가워 두 손 번쩍 들고 메롱~! 하는, 제 요 귀여운 버릇이! 그래도, 그 누구나 함부로 닮지 못하는! 귀한 그 귀족적(貴族的)인, 그런 유전자[DNA]를 갖고 태어난 몸이거든요!!

가장 촉촉한 침묵
- 여름날, 오이의 언어

저는요, 오이에요! 비타민(vitamin)이라는, 고 얄미운
놈을 사랑해요! 고놈은요 약(藥)도
아니면서
날마다, 저를 농락해요!
제 몸에서
고놈의
이상야릇한,
정액냄새가 난단 말이에요!
솔직(率直)히 말해서, 탱탱하게 그 탄력성 넘치는
여인(女人)들 얼굴에서! 가끔씩, 제 비뇨기냄새가
날 때가 종종 있거든요?
별 볼일 없는
제가,
여름날
시원한 냉(冷)국 속에서!
아주 부드럽게
감칠맛을, 유혹(誘惑)하는
제 이 못된 버릇 때문에! 어쩌면? 밤[夜]마다, 아주
짜릿하고 화끈하게! 서방님들의 그 불끈하는,

그 무서운 화력(火力)을! 확, 불러일으킬지도 몰라요?!

역사(歷史)
- 물음[質問]

역사는
대답(對答)이 아니라,

항상 물음이다!!

제6부

가장 촉촉한 침묵
– 매운, 마늘의 언어

저는요, 몹시 매운 작은 마늘이에요! 참으로 맵게
놀다가, 언제부턴가?
어쩌다
그만,
그
귀한 약(藥)이 돼버렸거든요!
깨소금보다
더 높은, 양념계의
벼슬이에요! 이 나라에, 만약 제가 없어진다면?
즐거운 입안에서는
아마,
그 무서운 전쟁이 일어날걸요?
요렇게
작아도요,
사람들
혀끝에서 저 깨소금보다!
더 감칠맛을, 지배하고 있거든요! 반찬속의, 마늘

제 권력은요! 과히, 이 나라 양념계의 대통령이에요!!

가장 촉촉한 침묵
– 빨갛게 익은, 가을고추의 언어

저는요, 고추예요! 가을햇살아저씨, 제 입술을! 너무 그렇게, 정열적으로 빨갛게 빨지 마세요? 제 온몸이 파랗다 못해, 이제 그만 짜릿해서! 불덩이로 이글이글, 막 탄단 말이에요! 고추 제가요 왜, 이렇게 맵고 뜨겁게 사는지 아세요? 이 나라 맑은 하늘, 그 깨끗한 오천년을! 시뻘겋게 더럽히는 무섭고 징그러운, 저 고추벌레 그놈들 때문이에요! 이렇게 탁~! 쏘는, 그 매운맛으로! 이 나라 그 징그러운, 고추벌레 그놈들의 그 날름거리는 혓바닥을! 탕~ 타당, 이렇게 냅다 한방! 신나게, 갈겨주고 싶어서 그래요! 눈부신 가을햇살아저씨, 저렇게 시퍼렇게 독(毒) 오른 고추벌레 그놈들이! 징그럽게 기어 다니는, 이 습(濕)하고 불쾌한 현실(現實)에서! 제 온몸의 뼈가 온통 으스러져, 세상을 한바탕 빨갛게 물들이는! 그런 가장 매운, 정의(正義)의 그 한 방! 그 총(銃)소리가, 꼭 될래요? 지금 가을 장독대 위에서, 이렇게 날마다! 제 몸이 시들시들 말라가는, 이 깊고 깊은 고뇌(苦惱)를! 그 오랜 세월 동안 함께 살 섞으며, 뜨겁게 살아온! 이 나라, 저 화끈한 김치 맛은! 제 이 불타는 가슴을, 아마 다 알고 있을 거예요?!

가장 촉촉한 침묵
– 푸른 배추의 언어

저는요, 배추예요! 맛있는 김치의, 아주 새파란 엄마예요!
아직 한창 젊고, 싱싱해요!
속살은, 지금
몹시 촉촉하고 달콤해요!
오늘도
벌써
저쪽에서, 엄마
찾는
김치의
빨간 목소리가 들리네요!
김치를 임신(姙娠)할 때, 저는요 그 짠 소금물 속에서!
밤새도록 가장 아프게, 한창 진통(陣痛)하고 있었어요!
해 뜰 무렵, 겨우 핏덩이
하나
낳고!
그만, 너무나
힘들어
기절해
버렸거든요! 그 다음부터는
기억조차, 나지
않아요! 단지, 꿈꾸는 항아리

속에서! 지금 맛있게, 익어가는 저 김치의 아버지가!
이 나라

그 긴 오천년, 역사(歷史)라는 그 희미한 기억뿐이에요!!

이별법(離別法)
- 바람[風]

　바람으로
　만나자는 이별(離別)이,

　가장 아름답다!!

가장 촉촉한 침묵
- 가지의 보랏빛언어

저는요, 보라색 가지예요! 여성들 앞에서 당당한
남성적 자세가, 제 영광이에요!
하느님의
장난기로, 저를 이렇게
좀 별나게
창조(創造)하셨나
봐요?
여성들의
달콤한 꿈속에서
저는요, 언제나 그 위풍당당한 왕(王)이거든요!
저의 생김새는,
갑옷 입고
전쟁터로 나가는!
장군들의
그 씩씩한, 모습이에요!
밤마다
전쟁터에서, 힘없이 죽어가는
남성들이여! 제발, 제 보랏빛 그 구원(救援)의
왕국으로! 다시

저 아침 햇살처럼, 그렇게 눈부시게 돌아오소서!!

가장 촉촉한 침묵
– 가을, 빨간 사과의 언어

저는요, 햇볕과 아주 빨갛게 결혼했어요! 파란하늘아저씨!
지금 햇볕과의 그 뜨거운 신혼생활이
너무나, 황홀하고 행복(幸福)해요!
놀랄 만큼
햇볕의 그 뜨거운
정열
때문에,
숨 돌릴 사이도
없이!
날마다 짜릿하게, 허공으로 붕붕
막 떠올라요! 제 배꼽 밑의 아랫도리엔, 아침마다 단물이
가득가득 고이거든요! 꿀맛보다
더,
달아요!
파란하늘아저씨!
눈부신
당신의 그 파란
손으로
제 아랫배, 한번 살짝 만져보세요?
저는요, 지금 귀한 햇볕의 아들 단맛을!
아주 건강하게, 임신(姙娠)하고 있거든요! 제 아랫배에선
오늘도, 햇볕의 아들

그 단맛이! 지금 한창, 막 발길질하며 힘차게 뛰놀고 있거든요!!

의학(醫學)

- 전쟁(戰爭)

  병(病)과의
  가장 잔인한 전쟁이,

  의학이다!!

가장 촉촉한 침묵
- 커다란, 호박의 언어

저는요, 그분의 커다란 음낭(陰囊)이에요! 정말, 향기롭게
축 늘어졌지요? 그분의 정력(精力)은
여름철, 저렇게
힘차게 뻗어가는! 물오른
저
호박넝쿨만 봐도, 금방 알잖아요?
부드럽게
쓰다듬는,
대지의
그 뜨거운 손길에!
그만
황홀한
그분[神]은, 아마 지금쯤 하늘로
훨훨 날아가는! 저 뭉게구름 같은, 그런 기분일거예요?
제가요, 한창 축 늘어져 있을 때!
그분은
또다시,
하루 밤사이에!
수많은
아들딸들을
낳아,
주렁주렁 매달아 놓겠지요? 8월의

저
촉촉한 대지를 보면, 그분의
그 놀라운 정력은!
눈부신, 저 초록빛 쾌락을 넘어! 들판
가득히, 둥그렇게 익어가는 우리들의 그 꿈과 희망도
한없이 낳아! 어쩌면? 여기저기에,

커다랗게! 막, 주렁주렁 매달아놓아 줄 것만 같거든요?!

1등
― 불행(不幸)

   1등은
   가장 멋지게 꿈꾸는,

   불행(不幸)이다!!

가장 촉촉한 침묵
– 어린 나무의 언어

"엄마, 나도 꼭 편안히 한번 눕고 싶어! 우리는
왜? 평생, 이렇게 서서 살아야 해!
저쪽
사람[人]들, 한번 봐!
얼마나
편히, 누워서 살아!
나도
저렇게, 살고 싶어!."
"얘, 사랑하는 나의 꼬마야! 그 대신 사람들은
참 잔인하고, 더럽단다!
우리는
햇볕만, 먹고 살잖니?
너무
깨끗해서,
날마다 이렇게 서서
저 하늘을 공경(恭敬)하며 산단다!"
이렇게, 말할 때! 꽃피는, 우리 엄마 그 예쁜

젖가슴이! 가장 달콤하고, 가장 향긋했어요!!

가장 촉촉한 침묵
– 넓은, 토란잎의 언어

저는요, 미국의 저 핵(核)우산처럼 그렇게 몹시 넓고 둥근 토란잎이에요! 제 뿌리와 잎에서요 독(毒)을, 남몰래 여인들의 그 깊은 속살의 비밀처럼 품고 있어요! 그러나 저를 잘 아는, 된장국을 참 맛있게 잘 끓이는 그 아줌마들은요! 제 뿌리와 줄기를, 맛의 최고 으뜸자리에 올려놓고 있거든요! 정말 속옷 다 벗고, 하얗게 막 탄력성 넘치는! 제 그 깊은 속살을, 한번 살짝 보여드릴까요.......? 비 오는 날에, 제 몸에서 빗방울 또르르 구르는! 그 깜찍한, 제 마술(魔術) 하나만 봐도! 함부로 다룰 수 없는, 독기(毒氣) 품은 제 매력(魅力)을 알 수 있잖아요? 저는요, 다루기에 따라서 가장 신비한 맛의 보석(寶石)도 될 수 있고요! 무서운 독(毒)도 될 수 있는, 맛의 아주 신비한 요정(妖精)이에요! 알고 보면 병(病) 주고 약(藥)주는, 제 이 이중적(二重的)인 성격(性格)은요! 아름답고 착한 인간들보다, 몹시 부끄럽고 야비한 인간들이 더 많은 이 인간세상이! 그만 저를요, 이렇게까지 참으로 알 수 없는! 아주 아슬아슬한, 그런 이상야릇한 존재로 만들고 말았어요! 그래도 언제나 인자하게 저쪽에서, 저를 지켜보시며! 늘 빙긋이 웃고 계시는, 존경하는 저 우리 파란하늘아저씨! 이제야, 숨겨 논 제 그 엄밀한 비밀을! 조금은, 좀 아시겠어요.......?!

가장 촉촉한 침묵
– 아름다운, 장미꽃의 언어

냇가의 저 작은 돌멩이들을, 제 친구로 만들고 싶어요!
"썩는 냄새가, 오히려 가장
향기로운 이 시대에!" 과연 그것이,
가능할까요?
그래도
하늘의
저 파란눈웃음을,
저는
날마다 믿어요! 갈증 같은
이 간절한 제 소망(所望)이, 오직 말[詩] 속에만 있는
꿈일지라도? 저는, 괜찮아요!
또는,
아직 피지 않는
저를
생각하며
만들어낸!
가장 슬픈, 그런 거짓말일지라도?
좋아요! 오늘도 종교 같은
그 믿음으로, 냇가의 저 작은 돌멩이들을! 제 친구로
만들겠다는, 이 행복한 꿈이!

언제쯤? 활짝 핀, 장미꽃 제 향기가 될 수 있을까요?!

가장 촉촉한 침묵
– 풀잎의 언어

촉촉한 봄비[春雨]아저씨, 안녕하세요!
제 새파란 머리 위에, 예쁜
꽃핀 하나
꽂아주세요!
저쪽에
저
멋쟁이, 아지랑이와
내일은 정말 결혼할래요! 자랑스럽게
꽃씨 하나, 보라는 듯이 꼭 동그랗게
임신할래요! 저 대지
위에서,
언제나
푸르게
막 깔깔대는!
그런, 딸 하나 아주 예쁘게
낳아 길러볼래요! 이것이, 바로 바람에
쓰러져도, 또 다시 벌떡 일어나는!

제 삶의 가장 간절한, 희망이며 꿈이거든요!!

가장 촉촉한 침묵
– 5월, 그 초록빛 언어

저쪽에 한창 신명나는, 저 멋쟁이 5월 아저씨!
안녕하세요! 저는요, 초록빛이에요!
봄 햇살과,
지금
여행(旅行)
중이에요!
입술에서 새소리
막 들리던, 그 그리운 옛 친구! 저 산(山)들을
바삐, 지금 만나러
가거든요!
멋쟁이,
5월
아저씨!
저 산들바람, 제 그 핸드백 속에
들어있는! 그 예쁜 들녘, 꼭 잘 지켜주세요!
어쩜? 저 뜨거운 여름 그놈이, 아주

폼(form) 나게! 그만 슬쩍, 훔쳐갈지도 몰라요?!

가장 촉촉한 침묵
- 꽃의 언어

저는요, 꽃이에요! 첫날밤[初夜], 그 촉촉한
신부(新婦)예요! 꿀맛보다
더 달콤하게
앉아서,
나비의
날개처럼
지금 떨고 있어요!
기다리는
그 긴장된 시간을, 학(鶴)으로 접어서! 하늘로
하얗게,
날려 보내고 있어요!
저쪽에
금방이라도,
막 터질 듯!
한껏
물오른, 4월의 저 작은
나뭇가지들이! 오늘밤, 제 처녀막에! 빨갛게

꽃피울! 그 황홀한, 우리의 신방(新房)이에요!!

가장한 촉촉한
침묵

〈후기사족〉

늘 뼈를 깎는 괴로움과 함께하는 시인(詩人)에게는, 그 뒤에서 그 괴로움을 묵묵히 지켜봐주고 격려해 주는 **희생적 협력자가 있게 마련이다**. 나에게도 그런 위대한 협력자가 있다. 바로 내 아내 '海里 양정숙(梁正淑)(1947.4.21생) 여사'와 내 둘째 딸 '지아(之娥)(1973.11.18생)'다. 옆에서 늘 희생적으로 돌봐주고 격려해 주는 그런 가족들의 희생과 보살핌 덕분에, 그 동안, 시집 42권〈시 5,000편 이상 창작〉이라는 그 엄청난 양의 많은 시를 쓸 수가 있었다. 특히, 내 둘째 딸 지아는 결혼도 하지 않고, 오직 아버지의 글쓰기만을 뒷바라지하고 있다.

이런 피눈물 나는 가족들의 위대한 희생과 돌봄이 있기에, 오늘도 또 용기를 내어, 그 무섭고 두려운 **'연필(鉛筆)'**을 또다시 고쳐 잡고, 오늘도 뼈를 깎는 그 괴로운 **'시(詩)'**와 용감하게 싸울 수가 있다. 만약 내 졸작들이 독자 여러분들에게 감동(感動)을 주는 그런 작품이 된다면, 내 아내 **양정숙**과 내 둘째 딸 **지아**의 그 오랜 동안의 **봉사**와 **희생정신**의 덕분으로 비롯되었음을, 여기에 **'문자(文字)'**로 밝혀, 내가 죽은 뒤에까지 영원히 그 **'감사의 마음'**을 기리 남기고자 한다.

월엽 씀.

月葉 류재상(柳在相) 시인의 연보

◉ 출생 및 가족
- 아호: **月葉**
- 1944년 7월 7일(음5월 9일 오후 4시경 탄생), 경남 함양군 안의면 봉산리 석반부락(새주소:봉산길 53)에서 아버지 **류동열(柳東烈)**과 어머니 **박문숙(朴文淑)**의 8남매 중 장남(長男)으로 태어나다.(문화 류가 대승공파 33세손)
- 1972년 1월 13일, 장인 **양동석(梁東錫)**과 장모 **신용순(慎用順)**의 장녀인 **양정숙(梁正淑)**과 결혼하여, 큰딸 **선아(仙娥)**와 작은딸 **지아(芝娥)** 그리고 아들 **용아(龍我)** 3남매를 두다.
- 큰딸 **선아**와 사위 **임재충(林在沖)**과의 사이에 외손녀 **성하(成河)**· **성희(成熹)** 외손자 **성우(成雨)**가 있고, 작은딸 **지아(芝娥)**(1973년 11월 18일생)는 아버지 문학 작업을 돕고 뒷바라지 하느라, 그만 결혼도 깜빡 잊어버린 채 내 문학의 '가장 위대한 동반자(同伴者)'. 아들 **용아**(의학박사·성형외과전문의)와 며느리 **명소영(明素英)**과의 사이에 친손 **호빈(浩彬)**·**호연(浩然)**·**호준(浩俊)** 3형제가 있다.

◉ 학력 및 등단
- 1951년에서 1963년까지 안의 초·중·고등학교를 졸업하다.
- 1970년 2월 26일 서라벌예술대학 문학부 문예창작과 4년간 수석으로 졸업하다.
- 1977년 6월 25일 시집 『감하나』로, 未堂 서정주 서문(序文) 추천으로 등단하다.
- 명예시문학박사

◉ 문단활동
· 詩 5,000편 이상 창작하다.
· 著書, 현재 42권(創作시집34권 · 詩抄시집5권 · 단상집(류재상잠언집)1권 · 류재상詩歌曲集1권 · 류재상 詩論1권) 상재하다.
· 「韓國詩大事典」및「現代詩人大事典」과 그 밖의 문학사전에 등재되다.
· 2013년 7월 7일, 충남 보령시 주산면 작은샘실길58-18 '시와숲길공원' 에 〈류재상詩四千篇創作詩碑〉를 제자들이 세우다.
· 한국문인협회 제24기 이사(理事) 역임하다.
· 2006년 세계계관시인학술원에서 명예시문학 박사 학위 받다.
· 2006년 8월 31일자로 37년간 고교 국어와 문학교사로 정년퇴임하다.

◉ 수상
· 1999년 제2회 '한국녹색시인상, 수상하다.
· 2000년 제2회 '세계계관시인대상' 수상하다.
· 2001년 제1회 '이육사문학상본상' 수상하다.
· 2009년 제1회 '방촌문학대상' 수상하다.

◉ 출간 작품집
· 1977년 제1시집「감하나」
· 1980년 제2시집「素朴한 愛國」
· 1983년 제3시집「달콤한 죽음의 演習」
· 1984년 제4시집「大地의 힘」
· 1987년 제5시집「동백꽃」
· 1987년 제6시집「가슴 뛰는 세상」
· 1989년 제7시집「정말 반성해 봅시다」

- 1989년 제8시집「돌아보기(1)」
- 1989년 제9시집「돌아보기(2)」
- 1997년 제10시집「여보, 당신만을 사랑해요」
- 1998년 제11시집「꺾어 심은 나무」
- 1999년 제12시집「과수원집 빨간 사과」
- 2000년 제13시집「하얀 밥풀 하나」
- 2001년 제14시집「시인의 나라」
- 2001년 제15시집「아침 이슬」
- **2002년 단상집「시인의 고독한 독백」**
- 2002년 제16시집「감각. 21」
- 2002년 제17시집「이야기」
- 2003년 제18시집「봄소식」
- 2003년 제19시집「사랑의 詩」
- 2003년 제20시집「가장 싸늘한 불꽃」
- 2004년 제21시집 삼행시「위대한 사람」
- **2004년「류재상詩歌曲集」**
- 2004년 제22시집「파란 풀잎」
- 2005년 제23시집 일행시「寸鐵殺人」
- 2005년 제24시집「詩는 행복해요」
- 2005년 제25시집「가장 촉촉한 沈黙」
- 2006년 제26시집「행복을 팔아요」
- **2006년 류재상 詩 100選 시집「月葉詩魂)」**
- 2007년 제27시집'황홀한 숙음」
- **2007년 류재상 戀歌(2쇄)「여보, 당신만을 사랑해요」**
- **2008년 류재상 시집「오솔길」**

- 2009년 제28시집「수채화」
- 2010년 제29시집「가장 황홀한 원(圓)」
- 2013년 제30시집「정말 감사합니다」
- 2014년 제31시집「삶의 여백」
- 2015년 제32시집「우리는 모두가 혼자 꿈꾸는 존재」
- 2016년 제33시집「참 새콤한 시」
- **2016년 류재상 戀歌(3쇄)「여보! 당신만을 사랑해요」**
- 2018년 제34시집「아름다운 초월」
- **2021년「류재상詩論」**
- **2023년「가장한 촉촉한 침묵(2쇄)」**

- 현재, 저서 42권(創作詩集34권 · 詩抄詩集5권 · 斷想集(류재상잠언집)1권 · 류재상詩歌曲集1권 · 류재상 詩論1권) 상재
- 월간「한맥문학」에, 〈'감동창조(시)' 연재〉(2017년 10월부~2021년 2월까지〈총41회 연재〉

가장 촉촉한 침묵

류재상詩集

인쇄일	2023년 05월 20일
발행일	2023년 05월 31일
지은이	류 재 상
디자인	도서출판 평강
펴낸곳	도서출판 평강

창원시 마산합포구 남성로 28
☎ 055) 245-8972
E-mail. pgprint@nate.com

· 도서출판 평강과 저자의 서면 동의 없는 무단 전재 및 복제를 금합니다.
· 저자의 도장이 없는 책을 판매하거나 기증할 수 없습니다.

ISBN 979-11-89341-20-6 03600

※ 이 책은 경남문화예술진흥원으로부터 발간비 일부를 지원받았습니다.